PIT ELSASSER

DU WOLLTEST
NICHTS!
HIER HAST DU'S.

WIDMUNG

_____

_____

_____

_____

_____

edition:pit elsasser

Autor, Herausgeber und Gestaltung:
Pit Elsasser
© 2025

Verlag:
BoD · Books on Demand GmbH, In de Tarpen 42,
22848 Norderstedt, bod@bod.de
Druck:
Libri Plureos GmbH, Friedensallee 273, 22763 Hamburg
ISBN 978-3-7693-2231-6
Foto: FotoClip Collektion

Die Deutsche Nationalbibliothek verzeichnet diese Publikation in der
Deutschen Nationalbibliografie;
detaillierte Daten sind im Internet unter www.dnb.de abrufbar.

Besuchen Sie mich auch auf You Tube unter Pit Elsasser